Chinesische Weisheiten

Chinesische Weisheiten

Vom Weg allen Geistes

Aus dem Chinesischen
übersetzt und herausgegeben
von Ernst Schwarz

ANACONDA

Die vorliegende Ausgabe erschien erstmals 1985 unter dem Titel *Vom Weg allen Geistes. Sentenzen aus dem alten China* (ausgewählt und aus dem Chinesischen übertragen von Ernst Schwarz) bei Rütten & Loening Berlin; sie beinhaltet eine Auswahl aus *So sprach der Weise. Chinesisches Gedankengut aus drei Jahrtausenden* (Ausw., Einl., a. d. Chines. v. Ernst Schwarz, Rütten & Loening Berlin, 1981). Rütten & Loening ist eine Marke der Aufbau Verlag GmbH & Co. KG.

Die Deutsche Nationalbibliothek verzeichnet diese Publikation in der Deutschen Nationalbibliographie; detaillierte bibliographische Daten sind im Internet unter http://dnb.d-nb.de abrufbar.

Lizenzausgabe mit freundlicher Genehmigung

Umschlaggestaltung: Druckfrei. Dagmar Herrmann, Bonn
Satz und Layout: InterMedia – Lemke e. K., Ratingen
Printed in Czech Republic 2016
ISBN 978-3-7306-0357-4
www.anacondaverlag.de
info@anacondaverlag.de

INHALT

VORWORT

Einer meiner gescheitesten Freunde erzählte mir einmal: Wenn ich bei einem Streitgespräch nicht mehr weiter weiß, zitiere ich einen Spruch – möglichst alt, aus weiter Ferne, am besten einen chinesischen. Dann lauschen meine Gesprächspartner erwartungsvoll, werden nachdenklich, und damit habe ich bei ihnen Aufmerksamkeit und Ehrfurcht erweckt und für mich Zeit gewonnen. Was aber bisher noch keiner bemerkt hat: ich denke mir die meisten dieser Sprüche selbst aus. Ein Büchlein mit chinesischen Sprüchen besitze ich nicht.

Nicht nur diesem Freund, sondern einem mehr oder minder breiten Leserkreis wollen wir mit unserer Spruchsammlung die Möglichkeit bieten, jederzeit einen Spruch für jedes Streitgespräch, für jede Gelegenheit parat zu haben. Zu diesem Zweck haben wir die Werke vieler berühmter chinesischer Denker und Dichter, ja sogar die ehrwürdigsten kanonischen Schriften Chinas nach Weisheitssprüchen durchforscht und bieten hiermit – so hoffen wir – etwas Handliches all jenen an, die ihren Gedanken fernöstliche Flügel verleihen wollen. Sagte nicht H. G. Wells so schön: »Zitieren ist der Triumph des Gedächtnisses über den Geist.« Man könnte aber auch – und mit Recht – auf die Unart und Unwürdigkeit hinweisen, mit Zitaten verschleiern, beschönigen oder imponieren zu wollen.

Wenn wir unsere Sammlung unter dem Gesichtspunkt herausbrächten, daß die in ihr enthaltenen Sprüche – wie eingangs erwähnt – den Zuhörenden nachdenklich stimmen sollten, wäre das eine honorige Rechtfertigung? Ich denke, ja. Aber doch nur dann, wenn sich der Zitierende nicht allein auf gelegenheitsbedingte, schlau ausgedachte Sprüche angeblicher Weiser aus dem Reich der Mitte beruft, sondern tatsächlich die Weisheit dieser Weisen dazu nutzt, um andere eben ein bißchen weiser zu machen. Ich möchte meinem klugen Freund nicht unrecht tun: ich bin nämlich überzeugt davon, daß er, gebildet und belesen wie er nun einmal ist, seine chinesische Weisheit nicht aus der Luft greift, sondern eher Angelesenes, Überdachtes, Durchdachtes zweckentsprechend im geeigneten Moment mit seinen eigenen Worten wiedergibt. Das ist legitim. Und dazu ist ja auch die Weisheit der Weisen da.

Diese Sammlung chinesischer Sprüche wurde – wie auch die viel umfangreichere Sammlung philosophischer Texte unter dem Titel »So sprach der Weise« – zusammengestellt, um dem Leser nahezubringen, daß Menschen aus fernen Ländern und alten Zeiten oft Ähnliches gedacht und gefühlt haben wie wir, Gegenwartsmenschen jeder Gegenwart, beziehungsweise, daß sie auch anders und anderes, im Kontext ihrer Zeit und ihres Milieus Richtiges oder Falsches gedacht haben; und daß wir aus ihrem Andersdenken etwas lernen können, nämlich, daß Andersdenkende den Eben-so-Denkenden nachdenklich stimmen sollten. Auch auf dem Umweg über ein fernes Land und seine »klassische« Kultur kann man zu der Erkenntnis kommen, daß alles, selbst sinnwidrig Erscheinendes, einen Sinn hat, wenn wir es historisch richtig einordnen können, wenn wir den Sinn unseres Daseins und der Welt, die wir für die Zukunft bauen, auch darin sehen, alles, was Menschen zum Wohl der Menschheit gedacht haben, zu erfassen, zu überdenken und im Sinn der Erhaltung, der Förderung, der Entwicklung menschlichen Lebens schöpferisch zu gebrauchen, zu verwerten. Selbst das negative Exempel erhält, so gewertet, einen Wert für uns – und sei es nur als Warnung, als Menetekel.

Das gesamte chinesische Geistesgut aus »klassischen« Zeiten ist staatsbezogen. Der Staat wiederum hängt in seiner Existenz von der staatserhaltenden Tugend seines Volkes ab – insbesondere von der staatserhaltenden Tugend der leitenden, bestimmenden, regierenden Schicht innerhalb des Staatsvolks. Und diese staatserhaltende Tugend reicht im »klassischen« Weltbild Chinas weit über das Reich der Mitte hinaus ins gesamte Universum. Güte oder Frevel entscheiden nicht nur über das Wohlergehen der menschlichen Gesellschaft, sondern auch über den »rechten« oder »unrechten« Gang der Gestirne, der Jahreszeiten, der kosmischen Kräfte. Das gesamte Universum wird ethisiert, nicht allein die menschliche Gemeinschaft. Ethos ist also nicht nur eine gesellschaftliche, sondern zugleich eine »kosmische« Kategorie. Dem europäischen Leser unseres Zeitalters ist anzuraten, die Texte in diesem Büchlein unter dem Gesichtspunkt zu lesen, daß im »klassischen« China Mensch, Gesellschaft, Natur, Kosmos eine sich wechselseitig beeinflussende, bedingende Einheit bildeten. Und hier bekommt sehr vieles von der »klassischen« chinesischen Weisheit, die wir in diesem Büchlein finden, eine höchst aktuelle, eine »moderne« Bedeutung.

Im »Buch der Dokumente«, einem der ältesten Schriftwerke Chinas, heißt es:

> Des Staates Wurzel ist das Volk:
> Der Wurzel Stärke ist des Staates Frieden.

Trotz seines hohen Alters wüßte ich keinen Spruch, der zeitloser – zeitgemäßer und sinnvoller wäre als dieser.

Ernst Schwarz

BUCH DER DOKUMENTE

1. Hälfte des 1. Jahrtausends v. u. Z.

Wer Hohes ersteigen will –
unten muß er beginnen.
Wer Fernes erlaufen will –
den ersten Schritt muß er tun.

Überlege sorglich das Ende
gleich zu Beginn.

Bei Menschen sucht man nach den altvertrauten,
bei Dingen nicht – die will man neu.
Der Tugend Baum pflanz sorgsam, daß er wachs –
des Bösen Wurzel schlag aus mit der Axt.

Prüfst du dich selbst, spiegle dich nicht im Wasser.
Im Spiegel deines Volkes prüfe dich.

Des Staates Wurzel ist das Volk:
Der Wurzel Stärke ist des Staates Frieden.

Ist hoch dein Rang, hüt dich vor Übermut.
Ist hoch dein Sold, hüt dich vor Überfluß.

BUCH DER LIEDER

1. Hälfte des 1. Jahrtausends v. u. Z.

Alle Dinge nehmen einen Anfang –
wenige jedoch ein gutes Ende.

BUCH DER WANDLUNGEN

1. Jahrtausend v. u. Z.

Der edle Mensch erstickt seine Begehrlichkeit,
indem er zunächst den Zorn in sich züchtigt.

Den Unteren nützen, den Oberen schaden:
das Volk wird daran seine Freude haben.

KUNG FU-DSE

551–479 v. u. Z.

Feingedrechselte Worte und ein wohlgefälliges Gebaren sind selten Zeichen wahrer Menschlichkeit.

Ein edler Mensch, der sich nicht würdevoll benimmt, wird kein Ansehen genießen, und so wird er auch in seinem Wissen unsicher bleiben.

Wo du gefehlt, verfehle nicht, dich zu bessern!

Hab keinen Freund, der dein nicht würdig ist.

Der edle Mensch ist kein Instrument, das nur einer einzigen Verrichtung dient.

Der edle Mensch nimmt weitherzig Partei, aber er ist nicht parteiisch; der Niedriggesinnte ist parteiisch, aber er nimmt nicht weitherzig Partei.

Wenn einen die Menschen nicht kennen, ist das kein Grund, bekümmert zu sein: bekümmern sollte vielmehr die eigene Unkenntnis der Menschen.

Wissen zu erwerben, ohne über das Erlernte nachzudenken, ist sinnlos; nur nachzudenken, ohne zu lernen, führt zu gefährlichen Überlegungen.

Nur wer wahre Menschlichkeit besitzt, vermag zu lieben und zu hassen.

Die Vergehen der Menschen sind jeweils durch die Gemeinschaft bedingt, der sie angehören. Aus der Betrachtung ihrer Fehler läßt sich erkennen, wie es um ihre Menschlichkeit bestellt ist.

Nicht daß man keinen Rang besitzt, sollte einem Sorgen machen; man sollte sich vielmehr darum sorgen, wie man die nötigen Fähigkeiten erwirbt. Nicht daß einen niemand beachtet, sollte einem Sorgen machen; man sollte sich vielmehr darum bemühen, ein beachtenswerter Mensch zu werden.

Der Meister sagte: Die Weisen sind frei von Unschlüssigkeit, die Gütigen sind frei von Betrübnis, die Tapferen sind frei von Furcht.

Der Meister sagte: Der edle Mensch hilft seinen Mitmenschen, das Gute in ihnen zur Reife zu bringen, nicht aber das Schlechte. Der Niedriggesinnte tut das Gegenteil.

Fan Tschih wandelte an des Meisters Seite unterhalb der Regenaltäre. »Darf ich fragen«, sprach er, »wie man die Tugend erhöhen, die Bosheit ausmerzen und Irrungen durchschauen kann?«

»Eine gute Frage, fürwahr«, sagte Kung Fu-Dse. »Erst seine Kräfte tätig einsetzen, ehe man an die Früchte des Erfolgs denkt – hieße das nicht, die Tugend erhöhen? Das Böse in sich selbst bekämpfen und nicht erst das Böse in anderen angreifen – hieße das nicht, die Bosheit ausmerzen? Wegen der Ärgernisse, die ein Morgen mit sich gebracht hat, sich so sehr zu vergessen, daß man sein Leben aufs Spiel setzt, ja sogar seine Eltern in Gefahr bringt – wäre das nicht ein Fall arger Irrung?«

Der Meister sagte: Kann einer auch alle Dreihundert Gedichte auswendig: überträgt man ihm eine Regierungsaufgabe, und er vermag sie nicht zu erfüllen, oder schickt man ihn als Gesandten in irgendein anderes Land, und er vermag nicht selbständig Rede und Antwort zu stehen, welchen Nutzen hat dann all sein Wissen, und sei es noch so groß?

Der Meister sagte: Der edle Mensch strebt nach Harmonie, aber er biedert sich nicht an; der Niedriggesinnte biedert sich an, aber er strebt nicht nach Harmonie.

Der Meister sagte: Der edle Mensch ist würdevoll, aber nicht überheblich; der Niedriggesinnte ist überheblich, doch ohne würdevoll zu sein.

Der Meister sagte: Wenn ein Land nach dem Rechten Weg regiert wird, mag man kühn in seinen Worten und Handlungen sein; wird es nicht nach dem Rechten Weg regiert, mag man zwar in seinen Handlungen kühn sein, doch seine Worte sollte man mit Vorsicht wählen.

Der Meister sagte: Wer unbescheiden in seinen Versprechungen ist, wird sie kaum erfüllen können.

Der Meister sagte: In alten Zeiten lernte man, um sich selbst zu vervollkommnen; heute lernt man, um von anderen geschätzt zu werden.

Jemand sagte: »Was haltet Ihr von der Verhaltensregel: Vergelte Rachsucht mit Güte?«

»Und womit sollte man dann Güte vergelten?«, erwiderte der Meister. »Gehässigkeit muß man mit Geradheit vergelten und Güte mit Güte.«

Der Meister sagte: Wenn man einen Menschen trifft, mit dem es lohnt zu sprechen, und man spricht nicht mit ihm, so hat man einen Menschen vertan. Trifft man einen Menschen, mit dem es nicht lohnt zu sprechen, und man spricht doch mit ihm, so hat man seine Worte vertan. Der Weise gestattet sich weder den Verlust von Menschen noch den Verlust von Worten.

Der Meister sagte: Ein Mensch von hoher Gesinnung und Güte wird nicht die Gesetze der Menschlichkeit verletzen, um sein Leben zu retten; er wird vielmehr sich selbst opfern, um die Menschlichkeit zu wahren.

Der Meister sagte: Wer selbst sich Schweres auferlegt, doch Leichtes nur von anderen verlangt, bleibt allem Vorwurf fern.

Der Meister sagte: Wenn einer nicht zu fragen pflegt: »Was hat das zu bedeuten? Was hat das zu bedeuten?« Ich wüßte wirklich nicht, was der für mich noch zu bedeuten hätte!

Der Meister sagte: Der edle Mensch sucht Grund und Anlaß in sich selbst, der niedrige sucht sie in anderen.

Der Meister sagte: Der edle Mensch ist der Ehre würdig, ohne sich um Würden zu streiten; er ist gesellig, ohne einem Klüngel anzuhängen.

Dse Gung fragte: »Gibt es ein Wort, das für das ganze Leben als Richtschnur dienen könnte?«

Der Meister erwiderte: »Wie wäre es mit ›gegenseitigem Verstehen‹? Was dir selbst als nicht wünschenswert erscheint, tu keinem anderen an!«

Der Meister sagte: Schlaue Rede verdirbt die Tugend. Wer kleine Widerwärtigkeiten nicht zu ertragen vermag, verdirbt große Vorhaben.

Der Meister sagte: Mit Leuten, die anderen Ideen nachstreben, kann man nicht gemeinsam Pläne machen.

Der Meister sagte: Ihrer Natur nach sind die Menschen einander sehr nahe, Gewöhnung aber entfernt sie voneinander.

Der Meister sagte: Nur die Allerklügsten und die Allerdümmsten ändern sich nie.

Der Meister sagte: Die so überaus Gesitteten und die bedachtsam Erscheinenden in den Dörfern und Gemeinden – Schurken sind sie, die Tugenden stehlen!

Der Meister sagte: Den lieben langen Tag schlemmen bis zur Übersättigung, ohne den Geist zu gebrauchen – schwer ist es fürwahr, Menschen solcher Art zu belehren! Es gibt doch auch solche, die der Leidenschaft des Brettspiels frönen. Verglichen mit jenen, ist mir der Brettspieler lieber!

Der Meister fragte Dse Gung: »Gibt es auch für dich Dinge, die du haßt?«

Dse Gung erwiderte: »Ich hasse es, wenn Leute die Gedanken anderer stehlen und sie als eigene Erkenntnisse ausgeben. Ich hasse es, wenn Leute ihre Unverschämtheiten für Mut halten, und ich hasse es, wenn man den Verrat am Vertrauen anderer als Offenherzigkeit und Geradheit ausgibt.«

Dse Hsja sagte: Begeht der Niedriggesinnte Fehler, so sucht er sie unweigerlich in ein schmückendes Gewand zu kleiden.

Dse Hsja sagte: Ein Beamter, der seine Pflichten vortrefflich erfüllt hat, soll sich dem Studium widmen; ein Studierender, der seine Studien vortrefflich erfüllt hat, soll sich der Beamtenlaufbahn widmen.

Dse Gung sagte: Die Fehler des edlen Menschen sind wie Sonnen- und Mondfinsternisse. Alle Menschen sehen sie. Und machen sie ihre Fehler wieder gut, so blicken alle auf zu ihnen.

DENG HSIDSE

gest. 501 v. u. Z.

Darin liegt die Kunst des Redens:
Im Gespräch
mit Klugen, stütz dich auf Gelehrsamkeit;
mit Gelehrten – auf Schärfe des Arguments;
mit Scharfsinnigen – auf unerschütterliche
Gelassenheit;
mit Vornehmen – auf die Macht mächtiger
Freunde;
mit Reichen – auf pompöse Großzügigkeit;
mit Armen – auf Betonung des Nützlichen;
mit Tapferen – auf Kühnheit in Haltung und
Wort;
mit Törichten – auf alles, was ihnen Freude
macht.

SUN DSE

um 500 v. u. Z.

Wer die Nachteile des Einsatzes von Truppen nicht versteht, vermag auch nicht die Vorteile ihres Einsatzes zu verstehen.

Wer den Feind kennt und sich kennt, läuft auch in hundert Schlachten nie Gefahr zu verlieren. Wer den Feind nicht kennt, aber sich kennt, mag ebensogut gewinnen wie verlieren. Doch wer weder den Feind noch sich selbst kennt – mit Sicherheit verliert er jede Schlacht.

MO DSE

um 470–391 v. u. Z.

Selten nur sterben ausgezeichnete Menschen nicht an dem, was sie auszeichnet.

Ein guter Bogen ist schwer zu spannen, aber man schießt hoch damit und trifft tief.

Ein gutes Pferd ist schwer zu reiten, aber es trägt viel und hält lange Strecken durch.

Ein großes Talent gehorcht nur schwer, aber es kann dem Herrscher Ansehen und Ehren bringen. Flüssen und Strömen sind auch kleine Bäche nicht mißliebig, um ihre Fluten aufzufüllen; so können sie wahrlich groß werden.

Selbst große Beredsamkeit wird kein Gehör finden, wo man sich zwar um Worte bemüht, aber nachlässig ist im Tun. Selbst große Anstrengungen werden nicht zum erwünschten Ziel führen, wo man zwar viel Kraft aufwendet, aber nur, um seiner Taten wegen gerühmt zu werden. Der Kluge spricht mit der Beredsamkeit seines Geistes, aber macht nicht viel Worte; wendet viel Kraft auf, aber rühmt sich nicht seiner Taten. So wird er gerühmt überall unter dem Himmel.

Bezeichnungen (Namen) sind da, um mit Klar-Erkanntem Unbekanntes zu berichtigen, nicht aber, um mit Unbekanntem Klar-Erkanntes zweifelhaft erscheinen zu lassen.

Seelenruhe erwirbt man durch Wissen, erworben ohne Vorliebe und Abneigung.

Gelehrte Männer von gewöhnlicher Sinnesart geraten in Wut, nennt man sie reich, wenn sie arm sind; doch nennt man sie rechtschaffen, wenn sie nicht rechtschaffen sind, so freuen sie sich darüber. Ist so eine Denkart nicht sinnwidrig?

SCHANG YANG

390?–338 v. u. Z.

Ein wirklicher König bedient sich der Belohnung, die er für die Anzeige verbrecherischer Absichten erteilt, um Freveltaten Einhalt zu gebieten. Er bedient sich der Strafen, um seine Untertanen zu warnen und abzuschrecken. Er spürt den Vergehen, nicht den guten Taten der Menschen nach. Und so bedient er sich des Mittels der Strafen, um Bestrafung überhaupt abschaffen zu können.

MENG DSE

372–289 v. u. Z.

Meng Dse sprach zu König Hsüen von Tschi: »Angenommen, ein Beamter Eurer Majestät, der eine Reise nach Tschu unternehmen soll, hätte seine Gattin und seine Kinder einem Freund anvertraut, nach seiner Rückkehr aber Frau und Kinder hungernd und frierend vorgefunden. Was würden Eure Majestät an seiner Stelle tun?«

»Ihm meine Freundschaft kündigen«, erwiderte der König.

»Und angenommen, der ranghöchste Richter in Eurem Lande würde sich als unfähig erweisen, für Ordnung bei seinen Untergebenen zu sorgen«, fuhr Meng Dse fort. »Was würdet Ihr in einem solchen Fall tun?«

»Ihn entlassen«, sagte der König.

»Und wenn nun innerhalb der vier Grenzen des Landes keine Ordnung herrschte«, fragte Meng Dse weiter, »was sollte dann geschehen?«

Der König blickte unsicher bald links, bald rechts und sprach von anderen Dingen.

Die Leute in Tschi haben ein Sprichwort: Den günstigen Augenblick wahrnehmen ist wichtiger als Weisheit und Scharfsinn; die rechte Zeit für die Feldarbeiten abzuwarten ist wichtiger als der beste Pflug.

Meng Dse sagte: Güte bringt den Fürsten Ruhm, Mangel an Güte bringt ihnen Schmach. Die Fürsten heutzutage aber hassen die Schmach und geben sich doch mit ihrem Mangel an Güte zufrieden. Das ist etwa so, wie wenn einer, der die Nässe haßt, sich damit zufriedengibt, im Keller zu schlafen.

Meng Dse sagte: Wer würde behaupten, daß der Hersteller von Pfeilen weniger Güte besäße als der Mann, der Panzer anfertigt. Wer Pfeile herstellt, fürchtet nur, daß sie nicht verletzen. Wer Harnische anfertigt, fürchtet nur, daß man verletzt wird. Ähnlich verhält es sich mit Schamanen und Sargtischlern. So muß man wohl vorsichtig sein in der Wahl seines Berufs.

Der Gütige gleicht dem Bogenschützen. Der Bogenschütze achtet auf die Richtigkeit seiner Haltung, ehe er schießt, und hat er den Pfeil abgeschossen, ohne zu treffen, so nimmt er es jenen nicht übel, die besser ihr Ziel trafen als er, sondern sucht vielmehr den Grund seines Versagens in sich selbst.

Nie noch hat einer, der sich willentlich krümmt, andere aufzurichten vermocht.

Ein Mensch muß sich erst selbst erniedrigen, ehe ihn andere erniedrigen; eine Familie muß sich erst selbst ruinieren, ehe andere sie ruinieren; ein Staat muß sich erst selbst zerstören, ehe er von anderen zerstört wird.

Meng Dse sagte: Ein Mensch, der andere achtet, demütigt niemanden. Ein bescheidener Mensch beraubt niemanden. Ein Fürst, der andere demütigt und beraubt, lebt in ständiger Angst, diese könnten sich ihm gegenüber nicht willfährig erweisen. Wer würde da noch von Achtung und Bescheidenheit sprechen? Lassen sich denn Achtung und Bescheidenheit durch wohlgewählte Worte und ein lächelndes Gehabe ersetzen?

Nie ist es vorgekommen, daß ein völlig aufrichtiger Mensch andere nicht bewegt hätte; nie hingegen ist ein unaufrichtiger Mensch imstande, andere zu bewegen.

Meng Dse sagte: Das Unglück der Menschen ist, daß sie es lieben, sich zum Schulmeister anderer zu machen.

Meng Dse sagte: Es gibt drei Arten, gegen die Kindesliebe zu verstoßen. Die ärgste aber ist, keine Nachkommen zu haben.

Meng Dse sagte zu König Hsüen von Tschi: Wenn ein Herrscher seine Minister wie seine Hände und Füße betrachtet, so betrachten sie ihn wie ihren Bauch und ihr Herz. Betrachtet er sie wie Hunde und Pferde, so betrachten sie ihn wie jeden anderen gewöhnlichen Mann im Lande. Betrachtet der Herrscher sie aber wie Erde oder Unkraut, so betrachten sie ihn als Banditen und Feind.

Meng Dse sagte: Erst wenn ein Mensch weiß, was er nicht tun soll, wird er zu sinnvollem Tun fähig sein.

Meng Dse sagte: Ein großer Mensch ist der, der sein Kinderherz nicht verloren hat!

Meng Dse sagte: Vielseitiges Studium und eingehende Erörterung der Gelehrten sollten dazu dienen, das Wesentliche zu erfassen, um es in knappster Form darlegen zu können.

Meng Dse sagte: Nicht viel ist es, wodurch sich der Mensch vom Tier unterscheidet. Die Menge vertut es, der Edle bewahrt es.

Wan Dschang sagte: »Darf ich den Meister nach seinen Ansichten über die Freundschaft fragen?«

Meng Dse erwiderte: »Sich nichts zugute tun seines reiferen Alters wegen, seines höheren Ranges wegen, des Reichtums und der Stellung seiner Brüder wegen – denn Freundschaft beruht auf dem Sich-Befreunden mit Tugenden der anderen und duldet kein Sich-zugute-Tun auf äußerliche Dinge.«

Meng Dse sagte: Man sollte nicht einen Beamtenposten erstreben, um seiner Armut abzuhelfen; aber manchmal tut man es doch aus nämlichem Grunde. Man sollte sich keine Frau nehmen, um sich von ihr versorgen zu lassen; aber manchmal geschieht es doch aus nämlichem Grunde. Wer aus Armut einen Beamtenposten annimmt, der möge hohe Würden ablehnen und sich mit einem niederen Rang begnügen: ebenso möge er reichlichen Sold ablehnen und sich mit ärmlicher Bezahlung zufriedengeben. Und welcher Posten würde passend sein für einen, der hohe Würden und reichen Sold ablehnt und sich mit einem niederen Rang und ärmlicher Bezahlung zufriedengibt? Der Posten eines Türhüters oder eines Nachtwächters, der mit der Klapper durch die Straßen geht.

Alle Dinge von gleicher Art sind sich ähnlich. Warum sollte man daran zweifeln, daß dies auch für den Menschen zutrifft? Der Weise und ich gehören der gleichen Gattung Mensch an. Darum sagte der Gelehrte Lung Dse auch: »Wer Strohsandalen anfertigt, ohne das Maß des Fußes zu kennen, von dem weiß ich mit Sicherheit, daß er sie trotzdem nicht nach der Art von Strohkörben flechten wird.« Denn Sandalen sind sich deshalb in der Form ähnlich, weil überall unter dem Himmel die Menschen ähnliche Füße haben.

Der edle Mensch dient seinem Herrscher, indem er sich gewissenhaft müht, ihn auf den Rechten Weg zu führen, und sein Wille dient einzig der Menschlichkeit.

Wenn der Himmel einen Menschen mit einer großen Aufgabe betrauen will, so wird er bestimmt seinen Geist Bitternisse erleiden lassen, seinen Sehnen und Knochen aufreibende Arbeit aufbürden, seinen Leib mit Hunger und Armut plagen, und Widerwärtigkeiten werden ihm zustoßen in allem, was er unternimmt. So spornt der Himmel seinen Geist an, festigt seinen Charakter, und seine Fähigkeiten wachsen wohl über das hinaus, was er ursprünglich zu leisten vermocht hätte.

In meinem Herzen bereitet sind alle Dinge. Keine Freude ist größer, als Aufrichtigkeit zu finden, blickt man sich selbst ins Herz.

Meng Dse sagte: Der Mensch sollte nicht ohne Scham sein. Scham über schamloses Betragen ist der sicherste Weg, Beschämendem zu entgehen.

Meng Dse sagte: Gütige Worte berühren die Menschen nicht so tief wie ein guter Ruf.

Der Grund, warum ich jene, die sich an einen einseitigen Standpunkt klammern, verabscheue, liegt darin, daß sie dem Rechten Weg die Weite stehlen: sie halten einzig und allein ihre eigenen Erkenntnisse hoch und verwerfen damit hundert andere Gesichtspunkte.

Als Meng Dse von Fan nach Tschi kam, erblickte er den Sohn des Königs von ferne. Mit einem Seufzer sagte er zu seinen Schülern: »Die Stellung eines Menschen verändert sein Auftreten, wie die Verschiedenheit der Nahrung das Aussehen des Körpers verändert. Gewaltig fürwahr ist der Unterschied, den die Stellung bewirkt! Doch sind wir nicht alle Söhne von Menschen?«

Meng Dse sagte: Ein Tischler oder Wagenbauer kann zwar das Rund- oder Winkelmaß an andere weitergeben, nicht aber seine Geschicklichkeit.

Meng Dse sagte: Einen edlen Menschen füttern, ohne ihn zu lieben, hieße, daß man ihn wie ein Schwein behandelt; ihn lieben, ohne ihn zu achten, hieße, daß man sich ihn wie ein Haustier hält.

Meng Dse sagte: Wer auch dort aufgibt, wo er nicht aufgeben darf, wird in allen Dingen leicht aufgeben. Wer sich auch zu jenen kleinlich verhält, zu denen er großzügig sein sollte, wird sich allen gegenüber als kleinlich erweisen.

Die Übereifrigen im Vorpreschen sind auch schnell im Rückzug.

Meng Dse sagte: In alten Zeiten errichtete man Grenzsperren, um Angriffe abzuwehren; heutzutage errichtet man sie, um besser angreifen zu können.

Meng Dse sagte: Wenn man gütigen und tüchtigen Menschen kein Vertrauen schenkt, so wird der Staat ein leeres Gehäuse sein.

Meng Dse sagte: Das Volk ist das wertvollste im Staat, die Geister der Erde und des Getreides folgen an zweiter Stelle; am leichtesten wiegt der Fürst.

Meng Dse sagte: Wer den Großen dieser Welt seine Ansichten darzulegen hat, der möge sie in ihrer Geringheit sehen und sich nicht blenden lassen von ihrer Größe und Erhabenheit.

Es ist wie eine Krankheit der Menschen, daß sie ihre eigenen Fehler vernachlässigen, dafür aber auf den Feldern anderer nach Unkraut suchen; daß sie von anderen Schweres verlangen, doch selbst nur Leichtes auf sich zu nehmen bereit sind.

Meng Dse sagte: Für die Pflege der Geisteskraft gibt es nichts Besseres, als die Begierden zu zügeln. Dem Menschen mit wenig Begehrlichkeit wird es wenig ausmachen, auch wenn ihm vieles ermangelt; dem Menschen mit viel Begehrlichkeit wird es wenig erscheinen, auch wenn ihm nichts ermangelt.

HUE SCHIH

um 370–310 v. u. Z.

Gleich niedrig mit dem Himmel ist die Erde,
gleich eben mit dem Tümpel ist der Berg –
für den, der wahrnimmt mit dem Aug des Alls.

Den Unterschied zwischen einer großen Ähnlichkeit und einer kleinen Ähnlichkeit mag man nennen: Kleine Ähnlichkeit in der Unterschiedlichkeit.

Doch alle Dinge zeigen einerseits Ähnlichkeiten und andererseits Unterschiede; das mag man nennen: Große Ähnlichkeit in der Unterschiedlichkeit.

DSCHUANG DSE

um 370–280 v. u. Z.

Weißt du übrigens auch, wodurch sich die Tugend zugrunde richtet und wozu die Klugheit führt? Die Tugend richtet sich durch Sucht nach einem guten Namen zugrunde, und Klugheit führt zu Streit. Ein guter Name gibt Anlaß zu gegenseitiger Anfeindung und Rivalität; und Klugheit wieder fordert zur gegenseitigen Bekämpfung heraus. Beide sind also mörderische Instrumente, die nicht dazu dienen, den Lebensweg sinnvoll zu Ende zu gehen.

Wer sich von den Gewohnheiten der Menschen leiten läßt, verfällt leicht der Verderbtheit des Gekünstelten; wer sich von der Natur seines Wesens leiten läßt, verfällt schwerlich der Verderbtheit des Gekünstelten. Man weiß von Wesen mit Flügeln, aber nicht von solchen ohne Flügel, daß sie fliegen können. Ebenso weiß man nur von Wesen mit Verstand, nicht aber von solchen ohne Verstand, daß sie verstehen können.

Wer da zu sehen vermag die Leere in allen Dingen, dessen Herz ist wie eine schmucklos leere Kammer, die in ihrem eigenen Licht unbefleckt weiß erstrahlt. Das Heil liegt nur im stillen Verharren. Wer nicht in Stille zu verharren vermag, den könnte man einen im Sitzen Dahinrasenden nennen.

Kennst du nicht die Geschichte von der Gottesanbeterin? Mit ihren Ärmchen versuchte sie empört das Rad eines heranrollenden Wagens aufzuhalten. Sie wußte einfach nicht, daß ihre Kraft dazu nicht ausreichte. Ja, sie glaubte gar noch, ungewöhnliche Kräfte zu besitzen. Davor hüte dich! Und hüte dich wohl! Denn wer sich selbst zu rühmen pflegt und seine Fähigkeiten herausstreicht, verletzt damit andere. Und so droht ihm bereits Gefahr. Weißt du nicht, wie der Tigerwärter seine Tiere füttert? Nie würde er es wagen, einem Tiger lebende Tiere zum Fraß vorzuwerfen, aus Furcht, daß in ihm, wenn er das lebende Tier zerreißt, die Mordlust wieder voll erwacht. Auch ganze tote Tiere würde er nie einem Tiger vorwerfen. Denn auch beim Zerreißen des ganzen Tieres könnte leicht seine Mordlust wiedererwachen. Er weiß, wann die Tiger hungrig und wann sie satt sind, und behandelt sie so, daß er ihre Mordlust in Schach hält. Mensch und Tiger sind zwar Wesen verschiedener Art, doch jenen gegenüber, die sie richtig zu pflegen wissen, verhalten sich beide zahm. Ihre Mordlust hingegen lassen sie an jenen aus, die sie in Unverständnis ihrer Wesensart unrichtig behandeln.

Ein Pferdenarr pflegte die Pferdeäpfel seiner Lieblinge in Bambuskörben und ihren Urin in Opferschalen aufzufangen. Doch als sich einmal Stechmücken und Bremsen auf seinen Pferden festgesetzt hatten und er ihnen gerade im unrechten Moment einen Klaps versetzte, zerfetzten sie Zaum und Geschirr. Wo der Zorn aufwallt, ist die Liebe vergessen. Sollte man sich da nicht wohl in acht nehmen?

Des Weisen Herz ist wie ein Spiegel,
der nichts heranholt und nichts fortschickt.
So manches drückt ihm auf sein Siegel,
doch nichts bleibt in ihn eingedrückt.
Und was an ihm vorüberhetzt
und sich in ihm sein Bild sucht, findet's.
Er gibt's zurück, bleibt unverletzt
und unzerstückt und überwindet's.

Die Menschen in dieser Welt wissen nur nach dem zu streben, was sie nicht wissen, nicht aber nach dem, was sie bereits wissen. Sie wissen alles zu tadeln, was ihnen nicht gut dünkt, nicht aber zu tadeln, was ihnen schon lange gut dünkt. Eben dadurch entsteht die große Unordnung!

Nur der, der es weder als abträglich noch als zuträglich für sich betrachtet, wenn die ganze Welt ihn schmäht oder lobt, kann als ein Mensch gelten, der sich seine Tugend ungebrochen erhalten hat.

Menschen von gewöhnlicher Gesinnung erfreuen sich an Leuten, die mit ihnen eines Sinnes, und verabscheuen solche, die anderen Sinnes sind. Daß sie Gleichgesinnte ersehnen, Andersgesinnte jedoch verabscheuen, kommt daher, daß ihr Sinn danach steht, selbst hervorzuragen aus der Menge. Doch wer sein Herz daran gesetzt hat, hervorzuragen aus der Menge, wie könnte er wirklich hervorragen aus der Menge, die doch allenthalben ihr Ziel darin sieht, aus der Menge hervorzuragen.

Wer seine eigene Dummheit kennt, kann kein großer Narr sein. Wer seine eigene Wirrheit kennt, kann kein großer Wirrkopf sein. Ein großer Wirrkopf löst sein ganzes Leben lang nie die Wirrnis in seinem Kopf; ein großer Narr empfindet sein ganzes Leben lang nie seine Dummheit.

Ist schon das Wasser klar, solang es ruhig,
um wieviel klarer dann der Geist!
So ruhig ist des Weisen Herz,
daß es dem Himmel und der Erde
zum Spiegel wird – zum Spiegel aller Dinge.

Wer nicht der Zeit entspricht, sich nicht der
Sitte fügt,
den nennt man schlecht und Usurpator gar;
wer seiner Zeit sich beugt, nach alter Sitte lügt,
gilt als gerecht – samt seiner Räuberschar.

Der Gipfel der Glückseligkeit ist, keine Glückseligkeit mehr zu erstreben; der Gipfel allen Ruhmes, allen Ruhm entbehren zu können. Was recht ist in dieser Welt und was schlecht, kann tatsächlich nicht mit Sicherheit bestimmt werden. Und dennoch ist es möglich, recht und schlecht zu bestimmen, wo man aufhört, Überflüssiges zu tun.

Wer die Dinge als Dinge betrachtet und sich von Dingen nicht verdinglichen läßt, wie könnten ihn dann noch die Dinge verstricken in ihre Dinglichkeit!

Der Weise verhält sich so zu den Dingen, daß er keines verletzt. Wer nichts verletzt, kann auch von nichts verletzt werden. Nur wer niemanden verletzt, vermag mit den Menschen zu verkehren, ohne ihr Wesen oder sein eigenes Wesen zu verkehren.

Das größte Wort spricht, wer abtut das Wort.
Die größte Tat vollbringt, wer abtut die Tat!
Wer sein Wissen angleichen will dem Wissen
anderer,
dringt nie in die Tiefe
und ist verdammt zur Seichtheit.

Wer den Menschen zur Tugend verhilft, gilt als Weiser. Wer ihnen zu Wohlhabenheit verhilft, gilt als ein tüchtiger Staatsmann. Doch wer mit seiner Tüchtigkeit anderen zusetzt, wird nie den Menschen genehm sein; wer sich mit seiner Tüchtigkeit anderen unterstellt, wird immer den Menschen genehm sein, auch wenn man nicht viel hört von ihm im Staat und er auch nicht besonders glänzt in seiner Familie.

Die Weltabgewandten kümmert es nicht, wenn die Welt zugrunde geht; nie würden sie sich umwenden und zu Hilfe eilen. Die Lebensgierigen wiederum jagen den Dingen nach mit Feuereifer; nie würden sie einen Blick zurückwerfen, um zu sehen, wohin es sie treibt. Und mögen sie nun König oder Knecht sein, so sind sie es doch nur durch die Gunst oder Mißgunst der Zeit. Ändern sich die Zeiten, so unterscheidet sie nichts mehr in ihrer Erbärmlichkeit.

Die Reuse ist da, um Fische zu fangen; sind sie gefangen, vergißt man die Reuse. Die Hasenfalle ist da, um Hasen zu fangen; sind die Hasen gefangen, vergißt man die Falle. Worte sind da, um den Sinn zu fangen; ist der Sinn eingefangen, vergißt man die Worte.

Wo finde ich nur einen richtigen Wortevergesser, um mit ihm richtige Worte zu reden?

Was gilt als gut und was als schlecht?
Wer Erfolg hat, wird Herr, wer nicht, wird Knecht.

Die Gottesanbeterin weiß nur eins:
die Zikade zum Fraß zu packen.
So merkt sie nicht, längst sitzt ihr schon
lauernd die Amsel im Nacken.

DSO DSCHUAN
um 350–250 v. u. Z.

Der Elefant hat elfenbeinerne Stoßzähne; und damit bewirkt er seinen Untergang. Denn sie bestechen durch ihren Wert.

Siehst du, es geht, dann geh voran.
Weißt du, es geht nicht, geh zurück.

So ungleich ist der Menschen Herz wie ihr Gesicht.

Um einem ein Verbrechen anzulasten, findet gewiß sich immer eine Schuld.

Was bleibt denn noch von eines Körpers Länge,
zieht man vor Angst fest ein den Kopf und Schwanz.

GUNG-SUN LUNG

um 320–250 v. u. Z.

Jemand fragte: Könnte man sagen, daß ein weißes Pferd kein Pferd ist? Antwort: Das kann man.
Frage: Warum?
Antwort: »Pferd« ist die Bezeichnung für ein gestaltetes Ding. »Weiß« ist die Bezeichnung für eine bestimmte Farbe. Das, womit man eine Farbe bezeichnet, kann nicht ein gestaltetes Ding bezeichnen. Daher ist ein weißes Pferd kein Pferd …

GUAN DSE

kompiliert um 300 v. u. Z.

Der beste Weg, im Volk Strafbares zu verringern:
Schau den schlauen Literaten auf die Finger.

Wird immer kleinlich Vorsicht nur geübt,
kann Großes nie gelingen.
Wer nicht zu sehr das Schmausen liebt,
wird's nie zum Schmerbauch bringen.

Ein Plan, nur für ein Jahr gemacht:
am besten – Samen aussäen für die nächste Ernte.
Ein Plan, für ein Jahrzehnt gemacht:
am besten, Bäume werden eingepflanzt.
Ein Plan, für Lebenszeit gemacht:
am besten, Menschen werden gut erzogen.

DISKURSE DER STAATEN

um 300 v. u. Z.

Leicht zu teilen sind Frieden und Freuden;
schwer ist's, gemeinsam Not zu leiden.

Die Schlucht der Wünsche ist nicht aufzufüllen.

LAU DSE

4. Jahrhundert v. u. Z.

Wer andre kennt, ist klug;
wer sich selbst kennt, weise;
wer andre bezwingt, ist stark;
wer sich selbst bezwingt, unbezwingbar;
wer genügsam zu sein weiß, ist reich;
wer seinen Willen durchsetzt, willensmächtig;
wer sein Wesen nicht einbüßt, währt lang;
wer dahingeht und doch nicht vergeht,
lebt ewig.

Das Härteste in der Welt –
bezwungen wird es vom Geschmeidigsten.
Das lückenlos Undurchdringliche –
durchdrungen wird es vom Gestaltlosen.

So weiß ich denn:
Nicht wider die Natur handeln
fördert der Dinge Gedeihen.

Aber
Belehrung ohne Worte.
Handeln, doch nicht wider die Natur –
gar selten trifft man dergleichen
in dieser Welt.

Wer sein Nichtwissen weiß, ist erhaben,
wer sein Nichtwissen nicht weiß, ist leidend.
Wer sein Leiden erkannt hat als Leiden,
kann das Leiden vermeiden.
Weil der Weise erkannt hat sein Leiden,
kann er sein Leiden vermeiden –
und darum muß er nicht leiden.

YIN WEN DSE

4. Jahrhundert v. u. Z.

Ist man im Recht und die ganze Welt hält es für Unrecht, so weiß man bald selbst nicht mehr, daß man im Recht ist. Ist man im Unrecht und die ganze Welt hält es für Recht, so weiß man bald selbst nicht mehr, daß man im Unrecht ist. Demnach richten sich Recht und Unrecht nach dem Wert, den ihnen die Menge beimißt, und niemand kann ihn allein bestimmen. Somit ist, wer der Menge zuwiderhandelt, im Unrecht, wer ihr gemäß handelt, im Recht.

Gut handeln, aber ohne daß es anderen zugute kommt, ist eigensüchtige Güte. Geschickt wirken, ohne daß die eigene Geschicklichkeit anderen zugute kommt, ist eigensüchtige Geschicklichkeit. Damit ist das wahre Wesen der Güte und Geschicklichkeit noch nicht zur Erfüllung gekommen.

So gut handeln, daß es allen zugute kommt; so geschickt wirken, daß alle der eigenen Geschicklichkeit teilhaftig werden – das erst ist die wahrlich richtige Güte, die wahrlich richtige Geschicklichkeit!

Ein Tiger fing auf der Jagd nach freßbaren Tieren einen Fuchs. Der Fuchs sprach zu ihm: »Ihr werdet wohl nicht wagen, mich zu fressen! Der Himmelsherr hat mich zum Herrscher über alle Tiere auserkoren. Freßt Ihr mich, so widersetzt Ihr Euch der Bestimmung des Himmels. Glaubt Ihr mir etwa nicht, so geht nur einmal hinter mir her, und Ihr werdet selbst sehen, wie alle Tiere, wenn sie meiner ansichtig werden, die Flucht ergreifen.« Der Tiger schenkte seinen Worten Glauben und trottete hinter ihm her, und tatsächlich ergriffen alle Tiere die Flucht. Denn dem Tiger leuchtete nicht ein, daß die anderen Tiere aus Furcht vor ihm flohen; so dachte er, sie fürchteten sich vor dem Fuchs.

SCHEN DSE

etwa 4. Jahrhundert v. u. Z.

Der Schreiner, der vom Särgezimmern
lebt, bedauert kaum, wenn andre sterben
Wo Vorteil lockt, versiegt die Scham.

Dem Tag, der ohne Widrigkeit ver-
ging, folgt eine Nacht, von Träumen
ungestört.

Wer nicht gute Ohren hat und scharfe Augen,
wird kaum für das Amt des Herrschers taugen.
Doch nimmermehr gute Minister sind
Männer, die nicht taub und blind.

FRÜHLING UND HERBST DES YÄN DSE

um 300 v. u. Z.

Denkt ein Weiser tausendmal nach –
auch er irrt sich einmal tüchtig.
Denkt ein Tölpel tausendmal nach –
auch er denkt einmal richtig.

HSÜN DSE

um 286–238 v. u. Z.

Über eine Sache den ganzen Tag lang nachzusinnen nützt weniger, als auch nur ein Weilchen Kenntnisse zu sammeln. Sich auf die Zehen zu stellen und in die Ferne zu starren ist weniger sinnvoll, als eine Höhe zu erklimmen und den Blick ringsum schweifen zu lassen.

Der Edle ist von Natur aus nicht verschieden von anderen Menschen, nur versteht er es, rechten Gebrauch von den Dingen zu machen.

Hochmut und Verschwendung bringen Unheil. Ehrerbietung und Mäßigkeit siegen über alle Waffen. Und seien Lanze und Hellebarde noch so geschärft, Ehrerbietung und Mäßigkeit haben eine schärfere Schneide. So kommt es, daß ein gutes Wort besser wärmt als Baumwolle und Seide, indes eine verletzende Bemerkung tiefer sticht als Spieß und Speer.

Wer sich selbst kennt, klagt nicht mehr über seine Mitmenschen. Wer die Gesetze der Natur kennt, klagt nicht mehr über die Natur. Denn wer über seine Mitmenschen klagt, hat selbst beklagenswert versagt; und wer über die Natur klagt, zeigt damit lediglich, daß er nicht den Willen besitzt, sie zu meistern. Wäre es nicht aber absurd, anderen anzulasten, was man aus eigenem Verschulden verabsäumt hat?

Es gibt Fürsten, die Wirren verursachen, aber kein Land, das von Natur wirr ist. Es gibt Menschen, die Ordnung schaffen, aber kein Gesetz, das aus sich selbst Ordnung schafft.

Der Gipfel der Weisheit ist, sich von Zweifeln zu befreien; der Gipfel alles menschlichen Verhaltens ist, keine Fehler zu begehen; der Gipfel alles menschlichen Tuns ist, keine Reue empfinden zu müssen.

HAN FE DSE

280?–233 v. u. Z.

Zu reden, ohne zu wissen, ist unklug; zu wissen und nicht zu reden ist unloyal.

Der Herrscher soll nicht erkennen lassen, was er wünscht. Läßt er erkennen, was er wünscht, so werden seine Minister alles ihm zu Gefallen zurechtdrechseln und zurechtschleifen. Der Herrscher soll seine Meinung nicht kundtun. Tut er seine Meinung kund, so werden seine Minister allenthalben ihm zu Gefallen ihre Meinung ändern.

Als der Fürst Dschau von Han einst im Rausch hinsank und einschlief, deckte ihn der Bewahrer der fürstlichen Kopfbekleidung aus Sorge, er könnte sich erkälten, mit einem Mantel zu. Nachdem der Fürst aus seinem Rausch erwacht war, fragte er, wer ihn zugedeckt habe. Als man ihm antwortete, es sei der Bewahrer der fürstlichen Kopfbekleidung gewesen, sprach er diesen zugleich mit dem Bewahrer der fürstlichen Gewänder schuldig. Der Bewahrer der fürstlichen Kopfbekleidung wurde hingerichtet. Den Bewahrer der fürstlichen Gewänder erklärte er für schuldig, weil er sein Amt auszuüben unterlassen, den Bewahrer der fürstlichen Kopfbekleidung hingegen, weil er die Befugnisse seines Amtes überschritten hatte.

Nicht etwa, daß dem Fürsten Kälte nicht zuwider gewesen wäre. Doch hielt er den Schaden, der aus einer Verletzung der Amtsbefugnisse erwächst, für größer als die Folgen einer Erkältung.

Unbeteiligtsein führt dazu, der Dinge wahres Wesen zu erfassen. Ruhigsein – dem Fluß des Bewegten die rechte Richtung zu geben.

Wen du vernichten willst,
dem rette das Leben.
Wen du berauben willst,
dem mußt du erst geben.

Es gibt eine Art von Bandwurm, der zwar nur einen Leib, aber zwei Mäuler hat. Wenn sich die beiden Mäuler um den Fraß streiten, kommt es vor, daß sie sich gegenseitig totbeißen.

Minister, die oft so erbittert miteinander streiten, daß der Staat dabei zugrunde geht, handeln jener Art von Bandwürmern nicht unähnlich.

Wenn man ein Menschenantlitz schnitzt, so schnitze man zunächst die Nase möglichst groß und die Augen möglichst klein. Eine große Nase kann man kleiner, aber eine kleine nicht größer machen. Kleine Augen wiederum kann man größer, aber zu große nicht kleiner machen.
Das trifft auf alle Angelegenheiten des Lebens zu:

nur solche, die sich später noch berichtigen lassen, enden selten in Mißerfolg.

Der beste Weg, Übeltätern das Handwerk zu legen, ist, das Übel in ihrem Geist auszumerzen, an nächster Stelle käme, ihnen üble Rede zu verbieten, und an letzter Stelle, ihnen Übeltun zu untersagen.

FRÜHLING UND HERBST DES LÜ BU-WE

um 240 v. u. Z.

Klar ist der Dinge Ordnung, wunderbar.
Wer einem Wesen schadet, stört sie alle.
Wer einem nützt, dient dem Gedeihen aller.

Wenn nun jemand die berühmte Perle des Fürsten von Sue als Geschoß auf seine Schleuder legte, um einen Sperling aus tausend Meter Höhe herunterzuschießen, so lachten ihn gewiß alle aus. Und warum? Weil er etwas ungemein Wertvolles für ein sehr nichtiges Vorhaben einsetzte. Und ist das Leben nicht etwa noch wertvoller als jene Perle des Fürsten von Sue!

Fließendes Wasser fault nicht;
Türangeln werden nicht wurmstichig –
denn sie bewegen sich.
Gleiches gilt auch für Körper und Geist.

Willst du über andere siegen,
dann besieg dich erst selbst.
Willst du andere beurteilen,
dann beurteil dich erst selbst.
Willst du andere erkennen,
dann erkenn dich erst selbst.

Das größte Chaos in der Welt verursachen jene, die eifrig Maßnahmen zur Verteidigung oder militärischen Hilfeleistung ergreifen, ohne sich im klaren zu sein, ob es sich dabei um eine gerechte oder ungerechte Sache handelt.

Waffen können mit Wasser und Feuer verglichen werden. Dem, der sie gut gebraucht, bringen sie Glück; dem, der sie mißbraucht, Unheil. Und auch mit Medikamenten könnte man sie vergleichen. Eine gute Medizin rettet Menschen das Leben, eine schlechte tötet sie. Armeen aber, die für Rechtschaffenheit eintreten, sind für alle unter dem Himmel die beste Medizin.

Für den Tod sind zehntausend Jahre wie ein Augenblick. Lebt einer sehr lange, so doch kaum über hundert Jahre; und sechzig sind schon ein guter Durchschnitt. Wer sich nun mit einer Aussicht von sechzig bis hundert Lebensjahren Gedanken macht für alle Ewigkeit, der verrechnet sich gewiß.

Das eigentlich Schöne einer wahrlich großartigen Handlung liegt darin, daß der Handelnde sich nicht zu noch großartigeren Handlungen anspornen läßt, weil andere sie zur Kenntnis nehmen, noch mißmutig aufgibt, weil andere nichts davon erfahren.

Scharfsinnige Dispute – doch ohne Sinn;
Glauben – doch ohne Vernunft;
Kühnheit – doch ohne Rechtschaffenheit;
Gesetze – die keiner braucht;
ein Benommener auf schnellem Roß;
ein Wirrkopf mit scharfem Schwert –
dergleichen kann mit Sicherheit
der Welt nur Unglück bringen.

Gefährlich wird der Leichtsinn erst dadurch,
daß der Leichtsinnige nicht weiß,
was Leichtsinn ist.

Nicht etwa, daß man nicht einen guten Fang machte, wenn man einen Fischteich leerfischt. Nur gibt es dann im nächsten Jahr dort keine Fische mehr. Nicht etwa, daß man nicht eine reiche Beute machte, wenn man das Buschwerk des Jagdgrunds niederbrennt. Nur gibt es im nächsten Jahr kein Wild mehr.

Ein Sieg, von dem man nicht weiß, wie er gelang, ist so gut wie kein Sieg.

Es ist nicht so schwer zu siegen, sehr schwer jedoch, die Früchte des Sieges zu bewahren.

Vorsichtig sollst du, fast ängstlich sein,
und halt immer die Sinne gezügelt.
Nicht über Berge strauchelt der Mensch,
er stürzt über Ameisenhügel.

Als einst der Fluß We gewaltig anschwoll, ertrank ein reicher Mann aus Dscheng in den Fluten. Jemand gelang es, die Leiche zu bergen. Die Anverwandten des reichen Mannes baten, daß ihnen der Leichnam übergeben werde, worauf jener, der ihn herausgefischt hatte, ein sehr hohes Lösegeld verlangte. Die Sippe des Reichen fragte Deng Hsi-dse um Rat.

»Seid getrost«, sagte dieser. »Er wird gewiß keinen anderen Käufer finden.« – Nun wurde jener, der die Leiche zurückhielt, unruhig und wandte sich seinerseits an Deng Hsidse um Rat.

»Seid getrost«, gab ihm dieser zur Antwort. »Sie werden gewiß keinen anderen finden, von dem sie die Leiche kaufen können.«

Salz muß im Gebrauch der Speise angepaßt sein. Zuviel davon verdirbt sie. Ebenso ist es mit der Macht.

Die Weisen können nicht die Jahreszeiten bestimmen, doch können sie zur rechten Zeit die für sie richtige Tätigkeit festsetzen; und nur Tätigkeiten, die dem Zeitpunkt entsprechen, bringen großen Erfolg.

Alle Unheilstifter haben eines gemeinsam in ihrem Verhalten: zuerst helfen sie einander, dann beginnen sie unweigerlich einander zu hassen.

Jene aber, die rechtschaffen handeln, verhalten sich ganz anders: anfangs verkehren sie nur miteinander, nach längerer Zeit erst vertrauen sie einander, und schließlich lieben sie einander.

Ein Übel der Herrscher ist es, daß sie hören möchten, was falsch gemacht wird, offenherzige Worte aber nicht ausstehen können. So wollen sie zwar Wasser trinken, verstopfen jedoch die Quellen. Die ärgsten Niederlagen fügt man sich durch eigene Unkenntnis zu.

Um einen Wagen zu bauen und vollkommen auszurüsten, bedarf es mehrerer Fachleute. Ein Wagen aber ist wohl ein einfacheres Ding als ein Staat. Der Klugheit aller und der Fähigkeiten aller bedarf es, um einen Staat aufrechtzuerhalten.

STRATAGEME DER KÄMPFENDEN STAATEN

um 200 v. u. Z.

Sich nach dem Hunde umsehen, wenn man den
Hasen sieht,
nützt immer noch;
den Zaun zu flicken, wenn das Schaf entkommen –
noch nicht zu spät.

Wenn edle Menschen ihre Freundschaft lösen,
entschlüpft kein böses Wort dem Mund.

LJE DSE

kompiliert im 3.Jahrhundert v. u. Z.

Trifft einer, der seine Überlegenheit an Schwächeren auszuprobieren pflegt, auf einen ebenbürtigen Gegner, so droht ihm Gefahr. Dem aber, dessen Überlegenheit aus seinem eigenen Wesen hervorgeht, droht niemals Gefahr.

Die höchste Meisterschaft im Wandern besteht darin, nicht mehr zu wissen, wohin man geht. Die höchste Meisterschaft im Betrachten besteht darin, nicht mehr zu wissen, was man sieht. Die Dinge allesamt zu erreichen im Wandern, die Dinge allesamt zu schauen im Betrachten, das ist die höchste Meisterschaft im Wandern, das ist die höchste Meisterschaft im Betrachten.

Wer nicht verharrt im Eigen-Sein, dem offenbaren die Dinge ihre Eigenheiten.

DSCHJA I

201–169 v. u. Z.

Das Sprichwort sagt: Möchte man die Ratte treffen, fürchtet man doch, den Gegenstand zu beschädigen. Das ist ein guter Vergleich. Ratte und Gegenstand sind einander nahe; man wirft nicht nach der Ratte aus Angst, man könnte etwas entzweischlagen. Und befinden sich etwa die hochehrwürdigen Herren Minister nicht in nächster Nähe des Kaisers!

DUNG DSCHUNG-SCHU
um 170–90 v. u. Z.

Der Himmel spendet nur begrenzte Gaben:
Wem er den Reißzahn gibt, dem fehlt das Horn,
verteilt er Flügel, fehlt der flinke Fuß.

SI-MA TSCHJÄN
145?–90? v. u. Z.

Die Aussicht auf Gewinn trübt selbst des Klugen Blick.

Wenn es sich um Tod und Leben dreht,
zeigt sich's, wie es um die Freundschaft steht.
Reich und arm sind ein untrüglich Maß,
wer dein Freund ist und auf wen Verlaß.
Fällt in Ungnad, wer einst hochgeehrt,
merkt er schnell, was seine Freunde wert.

Was kein Mensch weiß – wie lang er leben wird.

Kanzler Dschau Gau beabsichtigte, die Macht an sich zu reißen. Da er befürchtete, die Minister würden ihm den Gehorsam verweigern, unterzog er sie einer gewaltsamen Probe. Er brachte dem »Zweiten Kaiser« vor dem versammelten Hof ein

Reh als Geschenk dar und erklärte: »Dies ist ein Pferd!« – Der Kaiser erwiderte lächelnd: »Da irrt sich mein Kanzler doch wohl; Ihr bezeichnet ein Reh als Pferd!« Der Kanzler wandte sich fragend an die Umstehenden, die dazu schwiegen oder beteuerten, es sei ein Pferd, um ihm ihre Willfährigkeit zu erweisen. Jene aber, die »Reh« gesagt hatten, wurden von Dschau Gau heimtückisch strafwürdiger Taten bezichtigt und abgeurteilt. Fortan lebten alle Minister in Furcht und Schrekken vor Dschau Gau.

HUAI-NAN DSE

gest. 122 v. u. Z.

Mit gewaltsamem Tun ist nichts getan in dieser Welt:
Der Natur der Dinge folge, und du erreichst sie.
Mit gewaltsamem Suchen wird nichts begreifbar
von der zahllosen Dinge Wandlung:
Folge ihnen, wohin sie streben,
und du wirst sie begreifen.
So spiegeln sich die Dinge in des Wassers Spiegel,
der nicht Witz noch List besitzt
und dem doch nichts entgeht,
ob eckig, ob rund, ob krumm, ob gerade.

Starke überwinden nur Unebenbürtige;
vor Ebenbürtigen versagen sie bereits.
Schwache können Überlegene besiegen;
denn unmeßbar ist ihre Kraft.

Gewaltige Armeen gehn zugrunde.
Starke Stämme knickt der Sturm.
Hartes Leder bricht leicht.
Fester sind die Zähne als die Zunge,
aber früher als die Zunge fault der Zahn.
Darum ist des Lebens Wurzel
weich und geschmeidig;
die Harten, Starken aber sind
nur Dienerschaft des Tods.

Die Welt mißachten:
dann ist der Geist unbeschwert.
Alle Dinge als unwichtig betrachten:
nichts, das den Sinn mehr stört.
Leben und Tod als gleich ansehn:
nichts mehr, das es zu fürchten gibt.
Gleiches in allen Wandlungen sehn:
dann bleibt der Blick ungetrübt.

BUCH VON DEN BERGEN UND MEEREN

etwa 2. Jahrhundert v. u. Z.

Könnten Berge und Flüsse sprechen,
wären die Geomanten viel magerer.
Könnten Gedärm und Lunge sprechen,
verloren wären die Mediziner.

LJU HSJANG

77–6 v. u. Z.

Das Wort, das schon dem Mund entschlüpft,
holt auch ein Viergespann nicht ein.

Dem Herz, das ehrlich ist,
öffnen selbst Steine sich.

YANG HSJUNG

53 v. u. Z.–18 u. Z.

Klugheit ist Verstehen. Durch Klugheit versteht sich der Mensch darauf, Unbrauchbares brauchbar und Wertloses wertvoll zu machen. So gibt es für ihn eigentlich nichts mehr, das überflüssig und nachteilig wäre.

Lernen: Wer das Erlernte verwendet, hat damit das Höchste erreicht; wer es zu Lehren verarbeitet, steht an nächster Stelle; wer es weiterzugeben vermag, an dritter; wer nichts damit anzufangen weiß, ist auch kein Gelehrter.

Kommt Vertrautsein nicht vom Herzen,
bleibt vertraut nur das Gesicht.
Kommt die Freundschaft nicht vom Herzen,
bleibt nur freundlich das Gesicht.

BUCH DER RITEN

kompiliert im 1. Jahrhundert v. u. Z.

Der Niedriggesinnte scheut vor keiner Gemeinheit zurück, wenn er sich unbeobachtet glaubt Doch sobald er einen edlen Menschen gewahrt, wird er zurückhaltend. Dann verbirgt er seine Schlechtigkeit und sucht sich mit guten Eigenschaften hervorzutun. Aber andere durchschauen ihn, als sehen sie seine innersten Eingeweide bloßgelegt. Was nützt ihm da die Heuchelei?

So heißt es: Ehrlichkeit im Innersten des Herzens findet ihren Ausdruck in der äußeren Erscheinung. Darum muß der edle Mensch sorgsam über sich selbst wachen, auch wenn er allein ist.

Zu lieben und zugleich die schlechten Seiten des
Geliebten zu kennen;
zu hassen und zugleich die guten Seiten des
Gehaßten zu kennen –
selten fürwahr findet man dergleichen in der Welt!

Ein edler Mensch liebt seine Mitmenschen nach den Geboten der Tugend; ein niedriggesinnter, indem er sich ihren Fehlern und Wünschen gegenüber nachsichtig zeigt.

INSCHRIFT
auf einem Schreibpinsel

O Pinselhaar so zart und fein –
fällst du in einen Fluß hinein,
mag's dir gelingen zu entkommen.
Nichts aber wird dem Armen frommen,
ist er geraten in die Hände
des Literaten pinselschwingend –
mit ihm geht es gewiß zu Ende.

WANG TSCHUNG
27–97

Es gibt Menschen, die in ihrem Gebaren und in ihren Taten immer ehrenwert und tüchtig sind. In der Beamtenkarriere aber gibt es nicht immer günstige Bedingungen. Ehrenwert und tüchtig ist ein Mensch auf Grund seiner persönlichen Charaktereigenschaften; günstige Bedingungen und Begegnungen hängen von bestimmten Zeitumständen ab. Menschen von höchstem Talent und reinstem Lebenswandel besitzen keinerlei Garantie dafür, daß sie unbedingt Ehren und Würden erlangen. Für Menschen von geringen Fähigkeiten und schmutzigem Verhalten gibt es ebensowenig eine Garantie, daß sie unbedingt in niedriger Stellung bleiben und mißachtet werden.

BAN GU
32–92

Ist das Wasser zu klar,
wird kein Fisch darin sein.
Ist der Mensch allzu klug,
so bleibt er allein.

Wenn tausend Leute auf dich deuten,
glaub mir, daß das genügend Grund ist,
bloß durch die Finger von den Leuten
zu sterben – selbst, wenn du gesund bist.

Am besten gefallen bei Kleidern die neuen,
bei Freunden jedoch sind am besten die alten.

In Armut soll man um so fester,
im Alter um so willensstärker sein.

Besser einmal gesehen, als hundertmal gehört.

Besser mit Klugheit streiten als mit Kraft.

Dschi Yän pflegte rundheraus und ungeschminkt seine Meinung zu sagen. Einmal sagte er dem Kaiser ins Gesicht: »Majestät belieben die Staatsbeamten in ähnlicher Weise einzusetzen, wie man Brennholz stapelt: Wer zuletzt kommt, der wird am höchsten plaziert.«

HSÜN YÜE

148–209

Wer einem Hütejungen beim Treiben von Hühnern zugesehen hat, kann daraus die Methode zum Lenken von Menschen ersehen. Treibt er sie zu hastig, so flattern sie verschreckt auseinander. Treibt er sie zu lässig, so rühren sie sich nicht von der Stelle. Laufen die Hühner nach Norden weg und er hemmt zu ungestüm ihren Lauf, so wenden sie sich jäh nach Süden. Und laufen sie nach Süden und er verhielte sich ebenso, so wenden sie sich jäh nordwärts. Bedrängt er sie zu sehr, flattern sie davon. Kümmert er sich zu wenig um sie, so zerstreuen sie sich allmählich.

Wenn sie sich ungestört fühlen, sich ihnen nähern und im langsamen Dahinwandeln sie ein wenig füttern, sollten sie unruhig werden – so kann man Hühner vorwärtstreiben, ohne sie merken zu lassen, daß sie getrieben werden. Das ist der beste Weg des Vorwärtstreibens. Wenn sie vollends ruhig geworden sind, schlagen sie von selbst den Weg zum Hoftor ein und laufen willig hinein.

Frage: Gibt es eine Kunst der Alchemie, die Gold und Silber herzustellen vermag?
Antwort: Fu I hat ganz richtig gesagt: »Wenn man aus Lehm Ziegel brennen möchte, so gelingt das; will man hingegen aus Ziegeln Kupfer schmelzen, so gelingt das nicht.« – Prüft man dergleichen unmögliche Vorhaben nach den Gesetzen der Natur, so sieht man, wie unsinnig sie sind. Würden nicht solche Experimente ebensowenig gelingen, wie wenn man durch Kochen von Hunde- oder Schaffleisch Pferde oder Ochsen erzeugen wollte?

VERFASSER UNBEKANNT

um 150

Wer wenig gesehn hat,
der wird ohne Fehl
sich wundern oft.
Sollt er ein Kamel
durch Zufall irgendwo erblicken,
sogleich man verwundert ihn rufen hört:
Seht nur, wie arg geschwollen der Rücken
dem armen Pferd!

TSAU PI
187–226

Daß Literaten einander geringschätzen, ist schon seit alters immer so gewesen ... Der Literat ist zwar ein Meister darin, seine eigene Meisterschaft zu erkennen; die Literatur beschränkt sich jedoch nicht nur auf ein Genre; selten aber vermag ein einzelner alle Genres zu meistern. Darum pocht auch jeder auf sein eigenes Talent und blickt mit Verachtung herab auf die Mängel anderer. Im Sprichwort heißt es: Der alte Besen, der dir gehört, ist für dich immer Goldes wert. – Zu solchen Gebresten führt Mangel an Selbsterkenntnis.

TSCHEN SCHOU
233–297

Erwarte nicht, daß von zehn Fingern nicht manche
kurz sind, manche lang.

Nicht zu verachten ist das Leben,
findest du einen Menschen in der Welt,
der dich versteht.

Mit einem Kuchen, hingemalt,
hat keiner seinen Hunger noch gestillt.

PE WE
267–300

Der Verstand ist kein Ding, doch ohne Verstand kann der Mensch keine Dinge erzeugen. Trotzdem kann man nicht deshalb, weil das, was Dinge erzeugt, selbst kein Ding ist, behaupten, der Verstand wäre ein Nichts. Der Handwerker ist nicht das Handwerksprodukt. Doch bedarf es unbedingt des Handwerkers, um das entsprechende Produkt zu erzeugen. Trotzdem kann man nicht deshalb, weil der Handwerker nicht das Handwerksprodukt ist, behaupten, der Handwerker wäre ein Nichts … Demnach läßt sich leicht ersehen, daß alles, was dem Sein nützt, selbst ein Seiendes ist. Was für Nutzen sollte also das Nichts haben für die zahllosen Dinge, die da sind!

GO HUNG

278?–337

Eis und Holzkohle rühmen sich nicht ihrer Fähigkeit, kalt oder warm zu sein. Edle Jade braucht nicht ihre Kostbarkeit zu beweisen, da sie von selbst zutage tritt. So sorgt sich ein edler Mensch nur darum, daß er sich selbst achten kann, und ein vollkommener Mensch mag starr wie ein Leichnam erscheinen, denn seinen Geist kümmert es nicht mehr, ob man ihn verleumdet oder ehrt.

Ein kluger Herrscher gibt seinen Beamten nur solche Aufträge, die nicht das Maß ihrer Fähigkeiten übersteigen. Ein treuer Minister füllt sein Amt nur in einer solchen Weise aus, daß er nie versucht, mehr zu leisten, als er imstande ist. Stellt man Leuten rücksichtslos Aufgaben, für die ihre Talente nicht ausreichen, oder bemühen sie sich aus Eitelkeit, Ämter auszufüllen, für die die Eignung fehlt, so verhielte sich dies etwa so, als wollte man kochendes Wasser in einer Schale aus Eis aufbewahren, Feuer in Schilf einwickeln, ein ungeheures Gewicht an einer verrotteten Schnur aufhängen oder einem winzigen Kahn eine doppelte Last aufbürden.

Der Schatten kann nicht dem Körper zuwiderhandeln. Der Name kann sich nicht von der Wirklichkeit trennen. So wird auch ein Bach, der seiner Quelle den Rücken kehrt, nie ein Strom werden, und eine Blume, die zur unrechten Zeit blüht, nie ihre Farbenpracht erhalten können, wenn der Frost einbricht.

Wo Menschen niedergezwungen werden, entstehen Morallehren von einem geregelten Verhältnis zwischen Herrscher und Untertan. Wo Menschen zur Dienstbarkeit verpflichtet werden, entstehen Institutionen zum Niederhalten der Schwächeren.

TAU YÜEN-MING
372?–427

Es tut nicht gut, von Träumen zu erzählen,
wenn man Phantasten trifft.

Mich rührt der Heros nicht, unmenschlich hart –
mich rührt der Mensch, der seinen Stolz bewahrt,
nicht der, der hoch auf fremden Rücken steigt,
mich rührt, wer auch im Elend sich nicht beugt …

Gesell ich mich dereinst zur Geisterschar,
tät mir nur eines leid: daß ich vom Wein
nicht trank genug, als ich ein Mensch noch war.

SENG DSCHAU

384–414

Der vollkommene Mensch durchdringt mit seinem Geist das Unerschöpfliche, und nichts Erschöpfbares vermag ihn zu hemmen. Sein Auge und sein Ohr schöpfen alles Sehbare und Hörbare aus, doch Form und Klang vermögen nicht, ihn zu beherrschen. Ist nicht die Leerheit aller Dinge des Universums selbst der Grund, warum kein Ding des Weisen Geist zu fesseln vermag?

FAN YE
397–445

Wer sich nicht in des Tigers Höhle wagt,
wird nie ein Tigerjunges fangen.

Kein Ei bleibt ganz,
ist einmal umgestürzt das Nest.

Wer gerad, wie die Lautensaite,
verreckt am Straßenrand;
wer krumm ist wie ein Haken,
wird zum Fürsten ernannt.

Trägt in der Stadt man auffrisiert
das Haar, so wird sogleich
ein Fuß hoch aufgesteckt das Haar
in jedem Nest im Reich.

Gelten als modisch in der Stadt
nur breite Augenbrauen,
malen sich die halbe Stirne voll
im ganzen Reich die Frauen.

Und wenn nur Ärmel lang und breit
der Majestät gefallen,
braucht rings im Reich die Weiblichkeit
für Ärmel ganze Ballen.

LJU I-TSCHING
403–444

Gu Tschang-kang war geistreich und immer zu Scherzen aufgelegt. Wenn er Zuckerrohr aß, fing er beim weniger süßen oberen Teil an und knabberte sich langsam zum Wurzelstück durch. Als ihn jemand nach dem Grund fragte, erwiderte er: »In jede Sphäre des Wunderbaren darf man nur allmählich eindringen!«

TSUE HUNG
gest. 525?

Mit fernem Wasser läßt sich nicht
ein nahes Feuer löschen.

WE DSCHENG

580–643

Will man, daß ein Baum hoch emporwachse, muß man seine Wurzeln stärken. Wünscht man, daß ein Fluß weit dahinfließe, muß man seine Quellen rein halten. Möchte man, daß ein Land in Frieden gedeihe, muß man die Tugenden fördern.

Ohne tiefe Quellen wird man vergeblich erwarten, daß ein Fluß weit dahinfließe; ohne starke Wurzeln wird man vergeblich erhoffen, daß ein Baum hoch emporwachse; ohne gefestigte Tugenden wird man vergeblich ersehnen, daß ein Land in Frieden gedeihe.

LI YÄN-SCHOU

um 630

Sehr leicht verfault
Fleisch, nicht gut eingesalzen.

Nichts leistet einer, der zugleich
verrichten will zwei Dienste.

HUE-NENG
638–713

Hue-Neng kam zum Fa-Hsing-Tempel in Kuang-Dung, als eben der hochwürdige Meister Yin-Dsung den Text der Nirwana-Sutra auslegte. Zwei Mönche disputierten über Wind und Wimpel in ihrem Bewegtsein.

Der eine Mönch behauptete: »Der Wind bewegt sich.« Der andere: »Der Wimpel bewegt sich.«

So debattierten sie miteinander in einem fort. Schließlich mischte sich Hue-Neng in ihr Streitgespräch und sagte: »Nicht der Wind ist es, der sich bewegt, und auch nicht der Wimpel. Was sich bewegt, ehrwürdige Brüder, sind Eure Herzen.«

GESCHICHTE DER DSCHIN-DYNASTIE

kompiliert 646–648

In allen Dingen gehen dir von zehn
wider den Strich doch immer acht bis neun.

Wer sagt, ein Messer aus Blei
taugt nicht für den ersten Schnitt!

Nur nach dem Menschen soll man fragen, nicht nach dem Rang.

General Huan Wen, der nicht die Absicht hatte, ewig ein Untertan seines Herrschers zu bleiben, pflegte zu sagen: »Wenn ein Held nicht mit dem Wohlgeruch seines guten Namens hundert Generationen ergötzen kann, dann soll er der Welt eben für zehntausend Jahre Gestank hinterlassen.«

LI TAI-BO
701–762

Nie wieder wird Regen zum Himmel steigen,
der einmal herabgeflossen.
Nie wieder sammelst du Wasser ein,
hast du es ausgegossen.

Die Lieblichkeit, die dem Lotus gleicht,
wird dürrem Gras bald gleichen.
Wer mit Schönheit nur das Herz erfreut,
wie lang mag die Freude reichen?

YÜEN DSCHEN
779–831

In allem folg der Lehre,
was du auch lernen mußt:
willst schwimmen du im Meere,
dann bade erst im Fluß.

Vor den Traufen wiegen sich die Fäden
wenn ich doch nur wie die Spinne wäre:
emsig und geschickt dem Schicksal folgend,
spinnt sie unbeirrt ihr Netz ins Leere.

LJU HSÜ
887–946

Zur Zeit der Kaiserin Wu Dse-Tjän wurde während einer argen Dürre im Lande ein allgemeines Verbot für das Schlachten von Vieh erlassen. Dem Kaiserlichen Rat Dschang De war eben in jenen Tagen ein Sohn geboren worden. Für das Geburtsfest, zu dem er seine Amtskollegen eingeladen hatte, ließ er insgeheim ein Schaf schlachten. Sein Amtsbruder Du Hsjau steckte sich unauffällig ein Fleischklößchen ein und meldete den Vorfall der Kaiserin.

Am nächsten Morgen bemerkte die Kaiserin zu Dschang De: »Euch wurde, wie ich höre, zu Eurer großen Freude ein Sohn geboren. Doch woher habt Ihr denn Fleisch für das Festgelage genommen?«

Dschang De gestand sein Vergehen sofort ein.

Die Kaiserin entließ ihn mit den Worten: »Von nun an müßt Ihr etwas sorgfältiger bei der Auswahl Eurer Gäste sein.«

Als Du Hsjau die Audienzhalle verließ, war der gesamte Hof nahe daran, ihm ins Gesicht zu spucken.

Wer selbst am Spiel beteiligt ist,
wird leicht verwirrt;
wer unbeteiligt zusieht, der
bleibt unbeirrt.

DAU YÜEN
um 1000

Nun habe ich vom Meister wohl gelernt,
wie man in der Mysterien Tiefstes eindringt:
So wie man Wasser trinkt – ob kalt, ob warm,
weiß jeder nur allein.

SU HSÜN
1009–1066

Nie gibt es keine tüchtigen Männer im Reich; doch kommt es vor, daß die Minister tüchtig sind, der Herrscher aber nicht.

Ein Spiegel kann deshalb alle Dinge zeigen, weil er keines Dinges Gestalt verbirgt Und dennoch ist der Spiegel, der keines Dinges Gestalt verbirgt, dem Wasser unterlegen, das, aller Dinge Gestalt in sich vereinigend, zu spiegeln vermag. Und doch reicht selbst das Wasser, das aller Dinge Gestalt in sich spiegelt, nicht an den Weisen heran, der aller Dinge Eigenart in sich vereinigen kann. Der Weise vermag aller Dinge Eigenart in sich zu vereinigen, weil er die Dinge in umgekehrter Schau betrachten kann, womit gemeint ist, daß er sie nicht von seinem Selbst aus betrachtet; und indem er die Dinge nicht von seinem Selbst aus betrachtet, betrachtet er sie von ihrem Selbst aus. Wer nun aber die Dinge vom Selbst ihrer dinglichen Eigenart aus betrachten kann, wie sollte ihn da noch sein Selbst von den Dingen trennen können!

Des Menschen Geist ist der Geist des Alls. Betrügt der Mensch sich selbst, so betrügt er das All. Sollte er sich da nicht hüten zu betrügen!

DSCHOU DUN-I
1017–1073

Es ist ein Unglück im Leben des Menschen, wenn er nichts über seine Fehler zu hören bekommt; ein noch größeres Unglück aber, wenn er der Reue nicht fähig ist. Man muß der Reue fähig sein, um belehrt werden zu können, und über seine Fehler gehört haben, um ein tüchtiger Mensch zu werden.

In der Tat Leistungen zu vollbringen ist ehrenwert. Nur dem Namen nach Leistungen zu vollbringen ist schmachvoll.

Darum strebt der edle Mensch unablässig, seine Tugenden zu erhöhen und sein Werk zu vervollkommnen, und seine Mühen gelten tatsächlichen Leistungen:

Der Niedriggesinnte begnügt sich damit, Leistungen vorzutäuschen. Darum ist der edle Mensch in seiner Aufrichtigkeit immer heiter; der Niedriggesinnte in seinem Selbstbetrug immer unglücklich.

DSCHANG DSAI

1020–1077

Wer den Sinn der Wesenheit der Dinge voll auszuschöpfen vermag, begreift, daß er mit dem Leben nichts gewonnen hat und mit dem Tode nichts verlieren wird.

Die natürliche Wesenheit des Menschen gleicht in hohem Grade der Wesenheit des Wassers im Eis. Im Zustand des Gefrorenseins und des Schmelzens ist es verschieden, und dennoch bleibt es das gleiche Ding.

Erst wenn man alle Vorurteile zu vergessen imstande ist, wird man Fortschritte auf dem Rechten Weg machen.

Wer keine Vorurteile hat, wird immer das Rechte Maß finden.

WANG AN-SCHIH

1021–1086

Was die Welt als wichtig betrachtet, erscheint dem Weisen als unwichtig. Wer Freudvolles in sich selbst sucht, findet es in seinem Wesen. Wer Freudvolles außerhalb seiner selbst sucht, findet nur Begehrenswertes. Begierden sind leicht zu erwecken, sein Wesen aber zu erkennen ist schwer.

TSCHENG I

1033–1107

Man soll jedes Wesen nach seiner Eigenart, nicht aber nach unserer Eigenart behandeln.

Beim Studium ist schätzenswert nicht der Umfang, sondern die richtige Anwendung des Wissens. Beim Reden ist schätzenswert nicht die Zahl, sondern die Nützlichkeit der Worte. Beim Regieren ist schätzenswert nicht die peinliche Genauigkeit der Verordnungen, sondern ihre Übereinstimmung mit den Bedürfnissen des Volkes.

Leicht ist es zu lernen, aber zu erkennen ist schwer. Auch zu erkennen ist nicht schwer; schwer ist es, das Erkannte selbst auszuüben und damit Nützliches zu schaffen.

Das wahre Lernen beginnt dort, wo man sich auch allein in dunkler Kammer nichts vorlügt.

Daß Reichtum und Ehren dazu verleiten, hochmütig zu werden, ist sicher schlimm. Daß aber Gelehrsamkeit auch dazu verleiten kann, hochmütig zu werden, ist keineswegs weniger arg.

Nur was sein Geist sich einverleibt hat, kann der Mensch als sein eigen betrachten.

Wer sich ein Gerät herzustellen müht, fragt sich zweifellos, welchem Zweck es dienen soll. Wie steht es aber mit jenen, die sich um der Weisheit willen mühen?

Wer lernen will, muß erst zweifeln können.

Wenn man auf dem Grund eines Brunnens sitzt und den Himmel betrachtet, so ist nicht etwa der Himmel klein, sondern nur eng eingegrenzt dadurch, daß man sich selbst in den Brunnen gesetzt hat. Somit ist der Brunnen unschuldig an der Enge der Sicht und verdient deswegen auch nicht, daß man ihn verdamme. Hat man sich aber aus dem Brunnen herausbegeben und gesehen, wie groß der Himmel ist – gesehen, daß seine Größe durch den Brunnen nicht eingeengt werden kann, so wird man, auch wenn man sich wieder in die Enge des Brunnens begeben sollte, in seiner Sicht keinen Schaden erleiden.

SU DUNG-PO

1036–1101

Jedes Ding ist beachtenswert, und da es beachtenswert ist, kann man sich auch daran erfreuen. Dazu braucht es nicht unbedingt seltsam und gewaltig oder wunderschön zu sein. Man kann sich auch an trübem und schwachem Wein berauschen, an Früchten und Gemüse satt essen. Spinnt man diesen Gedanken weiter, was gäbe es dann noch, woran man sich nicht erfreuen könnte!

Wenn nichts zu tun ist, versunken dazusitzen,
wie bei der Andacht es der Mönch erstrebt,
macht zwei aus jedem Tag. In siebzig Jahren,
hat man einhundertvierzig dann gelebt.

HUE-HUNG

1071–1128

Die Terrassen am nächsten dem Wasser
erhellt der Mondschein zuerst.
Den Bäumen an sonnigen Hängen
nähert sich früher der Frühling.

HU HUNG

1102–1161

Was nur dir allein nützt, dafür streng den Geist nicht an; was der ganzen Welt nützt, dafür streng ihn an.

Was nur im Augenblick nützt, dafür streng den Geist nicht an; was zahllosen Geschlechtern nützt, dafür streng ihn an.

Die Menschen finden Anrüchiges in den Beziehungen zwischen Mann und Frau, weil sie nur sinnliche Begierden darin sehen. Der Weise findet Geistesfrieden in diesen Beziehungen, weil er darin eine sinnvolle Wahrung der Harmonie des Alls wahrnimmt.

Wenn man das Wesen des Menschen mit dem Wasser vergliche, wäre das Herz ein Dahinströmen, die Gefühle Wellen und die Begierden Wogen.

DSCHU HSI

1130–1200

Der Geist, noch unbewegt, ist das Wesen;
der Geist, bewegt, wird zum Gefühl.
Das ist es, was da heißt:

Des Menschen Geist umschließt
sein Wesen und auch sein Gefühl.
Aus den Gefühlen bricht hervor
die Leidenschaft.
Des Menschen Geist gleicht sehr dem Wasser.
Sein Wesen – ein stiller See;
seine Gefühle – ein Strom;
die Leidenschaften – ein Ozean im Sturm.

Wissen und Handeln sind aufeinander angewiesen wie das Auge auf den Fuß, ohne den es sein Ziel nicht erreichen, oder der Fuß auf das Auge, ohne das er sein Ziel nicht wahrnehmen kann. Fragt man nach der Reihenfolge ihres Wirkens, so steht Wissen vor dem Handeln; doch nach der Gewichtigkeit ihres Einwirkens steht Handeln vor dem Wissen.

Hat man etwas erkannt, so sind die Erkenntnisse, ehe man ihnen entsprechende Handlungen folgen läßt, noch oberflächlich. Erst wenn man selbst in die Bereiche des Erkannten eingedrungen ist, wird das Wissen darüber klarer, und so kann es auch nicht mehr mit dem früheren Wissen verglichen werden, das noch nicht erprobt worden ist.

Der Mensch muß in seinen Studien einen für richtig erkannten Punkt finden, der ihm in jeder Hinsicht sicher und zuverlässig erscheint, so daß er weiß, was gründlich bejaht und was gründlich verneint werden soll. Erst wenn er dies gründlich und richtig erkannt hat, wird sein Geist ein wahrer Souverän sein.

Man muß in sich einkehren und sich auf sich selbst besinnen, weil ein weiter und umfassender Blick leicht zu Abschweifungen ins Äußerliche verführt. Man muß einen weiten und umfassenden Blick erwerben, weil die dem Inneren zugewandte Selbstschau leicht zu Beschränktheit und Engherzigkeit verleitet. Dem einen oder anderen Extrem zu verfallen wäre äußerst schädlich für jeden, der das Lernen ernst nimmt.

Der Geist soll, ehe er sich einer Aufgabe widmet, Ruhe wahren, dann wird er, wenn er gebraucht wird, über Kraft verfügen. Wenn er aber in Zeiten der Ruhe nicht ruhig ist, sondern sich in wirren Gedanken zerstreut, wird er schon erschlafft sein, ehe ihm eine neue Aufgabe zufällt.

Oft sieht man auf hohen Bergen Schalen von Schnecken und Muscheln, hineingewachsen ins Gestein. Diese Felsen waren früher Erde, die Schnecken und Muscheln aber im Wasser lebende Tiere. So erreicht Niedriges im Wandel die Höhen, und Weiches wird zu Hartem umgeformt.

In allem, was du tust, laß einen Rest.
Gelingt dir etwas, treib es nicht zu weit.

LU DSCHJU-YÜEN
1139–1192

Über den Rechten Weg mit jenen zu sprechen, die sich in der Suche nach Gewinn verloren haben, ist noch leicht; viel schwerer ist es, mit solchen über den Rechten Weg zu sprechen, die sich an vorgefaßte Meinungen klammern.

Die Gelehrten suchen keinen ununterbrochenen Fortschritt. Sie sind eitel auf ihre Erfolge, und jedes Wort, das sie äußern, jede Handlung, die sie vollziehen, halten sie für vollkommen. Wo aber gibt es Fehlerlose? In alten Zeiten legten die Menschen den größten Wert darauf, die eigenen Fehler zu erkennen und sich zu bessern, und wenn sie Gutes sahen, so richteten sie sich danach. Heutzutage klammert sich jeder an dem fest, was er für recht erachtet, und zeigt ihm ein anderer, daß seine Meinung unhaltbar ist, gerät er in die heftigste Panik.

Wenn ein Mensch sein Herz an äußere Dinge gehängt hat, so gleicht er, zwingt man ihn dazu, sie aufzugeben, einem Affen, der plötzlich keinen Baum mehr hat: er hat dann nichts mehr, das ihm eine Heimstatt bietet.

Ist das Herz nicht rein, sollte man auch nicht studieren. Denn Wissen würde dann nur dazu dienen, um mit den Waffen eines Banditen Räubern beizustehen.

YE SCHIH

1150–1223

Und liest du noch so viele Bücher,
weißt du sie nicht zu nutzen für den Staat,
nutzlos war alle Leserei.
Und schreibst du noch so gute Schriften,
wenn sie nicht zur Belehrung nutzbar sind,
nutzlos war alle Schreiberei.
Und magst du wirken noch so eifrig,
wirkst du nicht für das allgemeine Wohl,
nutzlos wird selbst dein größter Eifer sein.
Hast du dir auch ein hohes Ziel gesetzt,
handelst du nicht aus Sorge um die Welt,
nutzlos wird all dein guter Wille sein.

LO DJÄN

1151–1195

Die nicht sagen Ja oder Nein.
gelten als anständige Herren.

Die auf und ab mit anderen schwimmen,
lobt man wegen ihrer Großzügigkeit.

Die zu reden wagen, wenn andre schweigen,
verlacht man als eitle Schwadroneure.

Waten alle im Schmutz, und einer bleibt rein,
wirft man ihm vor, es wäre gemein,
anders als alle andren zu sein.

WANG SCHOU-REN

1472–1528

Auf die Frage, wie Wissen und Handeln vereinigt werden können, erwiderte der Meister: Dazu muß man den Standpunkt kennen, auf den sich meine Lehre gründet. Die Menschen, die heutzutage ihre Studien treiben, trennen das Wissen vom Handeln; wenn sich daher ein Gedanke in ihnen regt, der nicht gut ist, aber auch nicht von ihnen in die Tat umgesetzt wird, so tun sie nichts, um diesen Gedanken zu bekämpfen und von sich zu weisen. Nun sage ich aber, daß Wissen und Handeln eins sind, womit ich klarmachen will, daß in dem Moment des Erwachens eines Gedankens bereits eine Handlung ausgeführt wird. Wo sich ein schlechter Gedanke regt, soll man ihn niederzwingen; und man muß gründlich zu Werke gehen, damit das Übel dieses Gedankens keinen Unterschlupf im Herzen findet.

Rebellen in den Bergen aufzuspüren und zu vernichten, das ist leicht –
schwer aber die Rebellen in der Brust!

WANG GEN

1483–1541

Des Menschen Herz ist heiter von Natur,
nur wird es von den Lüsten leicht gefesselt.
Keimt ein Verlangen auf und wird erspürt
zur rechten Zeit noch vom Gewissen –
und packt der Mensch gleich zu und räumt hinweg,
was sein Gewissen aufgespürt als Keim,
so wird sein Herz auch wieder heiter sein.

Wenn man begriffen hat, daß die Vervollkommnung der eigenen Persönlichkeit die Grundlage des Universums und Staates ist, so sieht man, daß Himmel und Erde und all die zahllosen Dinge von einem selbst abhängen und daß man nicht von ihnen abhängig ist.

Wenn ein edler Mensch für sich selbst lernt, so findet er kaum Zeit genug für seine eigene Selbstvervollkommnung; wie sollte er da noch Zeit finden, anderen Vorwürfe zu machen!

LI DSCHIH
1527–1602

Im Streit um die Richtigkeit von Urteilen gibt es Veränderungen wie in der Zeit, die Tag und Nacht nicht stillesteht und niemals die gleiche bleibt. Was gestern noch Recht war, mag heute Unrecht sein. Was heute Unrecht ist, mag in späteren Tagen als Recht gelten. Und selbst wenn Kung Fu-Dse in unseren Tagen wiedergeboren würde, so wüßte ich nicht, wie er diese Behauptung anfechten wollte, wie er plötzlich wieder nach festgefahrenen Verhaltensnormen belobigen und verdammen wollte!

Der wahre Wert der Aufrichtigkeit liegt darin, sich nicht selbst zu belügen.

Den Sklaven des Buchs verlach ich seit Jahren;
er ist wie die Jungfrau, die stirbt unverdorben.
Bücher zu lesen bringt nicht in Gefahren;
nur Sklaven des Buchs sind am Lesen gestorben.

LÜ KUN
1536–1618

Dort, wo die Macht wohnt, können Himmel und Erde und alle Weisen nichts gegen sie tun. Ist die Macht im Anwachsen und man versucht, sie zu brechen, so wird man ihr kaum Schaden zufügen können. Ist die Macht im Schwinden und man versucht, sie zu stützen, so wird sich ihr Sturz kaum aufhalten lassen. Daß die Weisen immer wieder mit der Macht in Konflikt kommen und nicht bereit sind, ihr zu willfahren, scheint dem Lauf menschlicher Angelegenheiten zu entsprechen.

Ehe die Sommerhitze weicht, wird es noch einmal sehr heiß. Ehe der Morgen anbricht, wird es noch einmal recht dunkel. Wirft man mit großer Gewalt einen Ball gegen die Wand, so schießt er auf einen zurück. Alle Dinge fallen zurück, wenn sie den Höhepunkt erreicht haben; erreichen sie nicht den Höhepunkt, so gibt es auch kein Zurückfallen. Die Törichten allein erfreuen sich an Höhepunkten; die Klugen hingegen fürchten an erster Stelle das Zurückfallen.

GESPRÄCHE BEI GEMÜSEWURZELN

um 1580

Ein Mann von hoher Sinnesart zeigt zeit seines Lebens anderen gegenüber nie leichtfertig Freude oder Zorn. Denn zeigt er leichtfertig Freude oder Zorn, wird jeder erspähen können die geheimsten Gefühle seines Herzens. Noch hegt er den Dingen gegenüber zu starke Zuneigung oder Abneigung. Denn ist zu stark seine Zuneigung oder Abneigung, so wird sein Wille und Geist stets geknechtet sein von den Dingen.

Wer mit farbigem Pinsel malt in die Luft,
dem wird zwar nicht die Farbe ausgehn,
doch ist in der Luft auch kein Bild zu sehn.
Wer mit scharfem Messer das Wasser schneidet,
der wird zwar nicht die Klinge abwetzen,
doch wird er auch nicht das Wasser verletzen.
Wer dies erfaßt hat und sich danach hält,
fühlt nichts mehr, tut nichts mehr, das nicht
angemessen,
wird sein eigenes Herz und ringsum die Welt –
wird alles vergessen.

Besser, nicht ins Gesicht gelobt,
als hinter dem Rücken geschmäht.
Besser als flüchtige Freundlichkeit,
wenn man sich auch noch nach langer Zeit
nicht aus dem Wege geht.

Erfolg und Rang, Reichtum und Ehre
soll man betrachten vom Ende her,
dann schwindet die Gier, und der Abschied von
ihnen
fällt nicht so schwer.
Mißerfolg, Sorge, Mühsal und Armut
soll man betrachten vom ersten Anfang her,
dann schwindet der Groll, und leicht wird der
Kummer
und quält nicht mehr.

Besser als Tausenden gefallen –
einem ein Ärgernis ersparen;
besser als ewigen Ruhm erhoffen –
eine Schandtat vermeiden.

Erreicht man im Amt auch die prächtigsten
Posten –
wer nur den Duft der Wälder nie vergißt,
wird nie ersticken in der Sucht nach Macht.
Erringt man im Amt auch die glanzvollsten Ehren –
wer nur der Quellen Rauschen nie vergißt,
nie wird erdrücken ihn die Last der Lust.

Ruhm und Schmach entwachsen demselben
Stamm –
Wozu sucht dann Ruhm,
wer verabscheut die Schmach?
Leben und Tod entsprießen der gleichen Wurzel –
Wer das Leben liebt,
darf nicht fürchten den Tod.

Am Tag, wenn plötzlich Stille eintritt
und man der Vogelstimmen Wohllaut wieder hört,
wird das Gehör – und man weiß selbst nicht wie –
hellhörig bis ins All.

Des Nachts, wenn hoch der Himmel sich empor-
wölbt
und man die Wolken sternwärts schweben sieht,
wird oft der Blick hellsichtig – und man schaut
tief in die Ewigkeit.

Von allen Stimmungen der Natur sind:
das tiefe Grün der Wälder in den Bergen,
das leichte Kräuseln windbewegter Fluten,
der Wolken Spiegelbild im stillen Weiher,
der zarte Nebelhauch am Saum der Wiesen,
der Blumen Antlitz, überstrahlt von Mondlicht,
der Weidenzweige sanftbeschwingter Reigen –
was immer zwischen Da-Sein und Nicht-Da-Sein
schwebt,
als Wahrheit halb und halb als Schein erscheint –

am wunderbarsten für des Menschen Herz und
Auge
und weiten wundersam den Geist.

Einen reinen Namen und lobenswerte Taten soll man nie für sich allein behalten; ein wenig gebe man auch anderen; so hält man argen Schaden von sich fern.

Schimpfliche Taten und einen üblen Namen soll man nie ganz auf andere schieben; ein wenig nehme man davon auf sich; so nährt man im verborgenen seine Tugend.

Nur Bücher mit Schriftzeichen verstehen die
Leute zu lesen;
nicht aber Bücher, die schriftzeichenlos.
Besaitete Lauten nur verstehen die Leute zu
schlagen,
nicht aber Lauten, die saitenlos.
Verbraucht der Mensch seine Sinne so am Vor-
gezeichneten
und gebraucht sie nicht im Unvorgezeichneten,
wie sollte er dann erfassen
die höchsten Freuden in Lautenspiel und Buch!

FANG I-DSCHIH
1611–1671

Wer weiß, ob heutzutag nicht könnt entstehn,
was man in alten Zeiten nie gesehn?
Wer weiß, ob nicht, was man heut bis zum
Überdruß
tagtäglich sehen muß,
sich wandeln wird, um schließlich zu vergehn?

WANG FU-DSCHIH
1619–1692

Ansichten sind Äußerungen des Geistes für den Augenblick. Klammert man sich fest daran, werden sie zu Vorurteilen.

Wenn man sagt, die Weisen hätten keine Ansichten, so ist damit nur gemeint, daß sie ihre Ansichten nicht zu Vorurteilen werden ließen.

LI YUNG
1627–1705

Die erkennbare Welt ist ursprünglich ein Ganzes. Wäre sie es nicht, so wäre sie auch nicht des Erkennens wert. Doch der Menschenfreundliche sieht in seiner Weltsicht nur Beweise der Menschlichkeit, der Wißbegierige nur das für ihn Wissenswerte. Ist diese Art des Erkenntnisvermögens einmal festgelegt und klammert man sich hartnäckig daran, ohne sich je ändern zu können, so wird man in der Widerspiegelung der Dinge doch immer nur die Scherbe eines Spiegels bleiben.

TANG DSCHEN
1630–1704

Der Berg Tai erreicht seine Höhe nicht durch Gold, Jade oder Zinnober, sondern durch gewöhnliche Erde und Gestein.

Flüsse und Meere erreichen ihre gewaltige Ausdehnung nicht durch Himmelsnektar und Wunderquellen, sondern durch gewöhnliches Wasser. Ebenso erhält der Sohn des Himmels die Würde seines Amtes nicht von großmächtigen Geistern, sondern von gewöhnlichen Menschen.

Gut regiert wird nur dort, wo die Meinungen und Gefühle der Unteren die Oberen erreichen können. Die Meinungen und Gefühle der Unteren aber können die Oberen nur dort erreichen, wo die Oberen den Unteren erreichbar bleiben.

YÄN YÜEN

1635–1704

All jene, die in der Stille der Meditation oder durch bloßes Bücherstudium Erkenntnisse zu erlangen hoffen, gleichen Leuten, die Pflaumen betrachten, um ihren Durst, oder Klöße hinmalen, um ihren Hunger zu stillen: nichts können sie damit erreichen!

Körperlos ist alles Wissen.
Des Wissens Körper ist die Welt.

DAI DSCHEN

1723–1777

Bei Wünschen ist es nicht schlimm, wenn sie nicht erfüllt, sondern wenn sie übererfüllt werden. Werden sie übererfüllt, verstrickt man sich leicht in Eigennutz und vergißt dabei das Wohl der anderen.

Vernunft findet sich dort im Menschen, wo seine Gefühle nicht fehlgehen. Wo die Gefühle versagen, versagt auch die Vernunft.

Was immer du anderen tust, denke erst ruhig darüber nach, ob du es ertragen könntest, wenn man dir Gleiches täte.

Was immer du anderen aufträgst, denke erst ruhig darüber nach, ob du den Auftrag erfüllen könntest, wenn man dir Gleiches auftrüge.

Erst wenn ich mich in Beziehung zu anderen Menschen setze, wird klar, was vernünftig ist.

DSCHANG HSÜEH-TSCHENG

1738–1801

Was der Mensch in seinem Herzen verbirgt, ist schwer zu ermessen. Das Wort ist des Herzens Stimme. Wer Menschen gut zu beobachten versteht, beobachtet, was sie sagen. Die Menschen sind nicht unbedingt gut, aber was sie sagen, entbehrt nie gut klingender Worte. Wer also Menschen gut zu beobachten versteht, braucht nur herauszufinden, aus welchen Gründen sie Gutklingendes sagen.

DSCHJAU HSÜN
1763–1808

Das Wesen des Tieres kann zwar nicht gut, aber es kann auch nicht schlecht sein. Des Menschen Wesen hingegen kann sowohl zur Güte wie auch zur Schlechtigkeit angeleitet werden. Ebendiese Leitbarkeit seines Wesens ist es, die es dem Menschen ermöglicht, gut zu sein.

Man kann zwar einen Ochsen dazu bringen, daß er sich gegen einen Tiger zur Wehr setzt, aber nichts bringt ihn dazu, einen Menschen zu fressen. Was ein Ochse zu begreifen und zu tun vermag, ist unwandelbar. Nur des Menschen Wesen läßt sich wandeln, und eben darin liegt auch seine Fähigkeit, gut zu sein.